А.П. ЧЕХОВ
ДАМА С СОБАЧКОЙ

A.P. CHEKHOV
THE LADY WITH THE DOG

Edited by Patrick Waddington

RUSSIAN
STUDIES

PUBLISHED BY: BRISTOL CLASSICAL PRESS
GENERAL EDITOR: JOHN H. BETTS
RUSSIAN TEXTS SERIES EDITOR: NEIL CORNWELL

Previously published in Great Britain by
Bradda Books Ltd, 1964
Basil Blackwell, 1984
First published byBristol Classical Press in 1991

Bristol Classical Press
an imprint of
Gerald Duckworth & Co. Ltd
The Old Piano Factory
48 Hoxton Square, London N1 6PB

Reprinted 1992

A catalogue record for this book is available
from the British Library

ISBN 1-85399-240-2

Available in USA and Canada from:
Focus Information Group
PO Box 369
Newburyport
MA 01950

Printed in Great Britain by
Booksprint, Bristol

PREFACE

It is assumed that anyone reading this text will already have acquired a reasonable vocabulary. Words appearing in my *A First Russian Vocabulary* have therefore been omitted from the Vocabulary at the back, except where they occur in this story in senses not considered to be basic.

It is also assumed in the Notes that most people who read this text will want to translate it; for those enlightened souls who simply want to *read* Russian, many of the notes will no doubt seem irritating.

There is an excellent film of *The lady with the dog*, made in 1960 under the direction of Yosif Heifits; the leading rôles are played by Batalov and Savina. There is also a complete recording of the story, read by Zhuravlyov.

Patrick Waddington
Queen's University, Belfast, 1964

v

INTRODUCTION

1. Chekhov's life and works.

Chekhov was born in 1860; his other names were Anton Pavlovich. He was brought up in his native town of Taganrog, a small port on the Azov Sea, and studied at the local classical gymnasium from 1869—1879. In his spare time he worked in his father's grocery shop, and on Sundays he and his brothers sang in their father's church choir; these two activities he was later to resent, but a happier habit was his attendance at the local theatre.

In 1876 Chekhov's parents moved to Moscow; their business had failed, and they hoped to do better in the capital. Chekhov himself was left in Taganrog to complete his schooling, and had to earn his living by giving private lessons. It was then that his contempt for the vulgarity of provincial life really began.

From 1879 to 1884 Chekhov studied medicine at Moscow university. Although he had written a good deal at school, his first published works date from these years. Some of his stories — which had been appearing under pseudonyms in various papers — were reprinted in 1884 as his first collection: *Tales of Melpomene.*

On completing his studies, Chekhov began to practise as a doctor, and even began working on a thesis. His great love of writing and his lenience with patients who were unable or unwilling to pay him combined to divert his attention more and more to the publication of stories. The collection *Motley tales* appeared in 1886, and *In the twilight* in 1887. 1887 was also the year in which his first play, *Ivanov*, was performed. In 1888 he published the long story *The steppe;* this was so successful that he was now considered a major writer. He was awarded a Pushkin Prize.

Chekhov was profoundly humanitarian. Although he found it difficult to align himself with the political opponents of the tsarist régime, he was very disturbed by its injustice and corruption. In 1890 he decided to offer himself for medical work among the convicts on the island of Sakhalin, in eastern Siberia. His long overland journey aggravated his already weakening health (symptoms of tuberculosis had appeared as early as 1883), and he only stayed on Sakhalin long enough to complete a census of the settlement. He returned by sea via India and the Suez Canal.

Troubled still by his health, he holidayed in western Europe in 1891, staying in Austria, Italy and France. In 1892, however, he was back in Russia helping in famine relief work. He and his family settled in the village of Melikhovo, some sixty kilometres from Moscow, where he helped to supervise the fight against a cholera epidemic.

During his years at Melikhovo, Chekhov wrote a great deal: his travel notes *Sakhalin Island* came out in 1893 and 1894; *The house with the mezzanine* dates from 1895; and 1896 saw the first production of his play *The gull.* The bad reception of this play at St. Petersburg and his rapidly failing health led him to desert the north and settle finally in the Crimea. He built a house in Yalta and settled there in 1899.

Meanwhile his plays were having much greater success: *The gull* was a triumph at the Moscow Art Theatre, as was also *Uncle Vanya* (1899). The company travelled to Yalta in 1900 to give Chekhov special performances of his plays; and in 1901 he married the celebrated actress Olga Knipper. His last great plays, *Three sisters* (1901) and *The cherry orchard* (1903), were written at Yalta.

In 1904 Chekhov was taken seriously ill, and moved for treatment to the German resort of Badenweiler. He died soon afterwards, and his body was sent to Moscow for burial.

2. The lady with the dog.

The lady with the dog was written at Yalta in the autumn of 1899 and published in the December number of "Russian Thought". Chekhov was very ill, lonely and hard up at the time, and found Yalta almost unbearably oppressive.

In a letter to Chekhov written at the beginning of January 1900, Maxim Gorky wrote that he had just read *The lady,* as he called it. "Do you know what you're doing?" he continued. "You're killing realism. And you'll kill it soon... (Realism) has outlived its time. No-one can go further along this way than you, no-one can write so simply about such simple things as you can. After the most insignificant of your stories, everything seems crude, as if it were written by a log and not a pen. And above all everything seems *un*simple, i. e. untruthful... Yes, that's what you're doing: you're bumping off realism. And I'm terribly glad you are. We've just about had enough of it! To hell with realism!"

By realism Gorky means the crude portrayal of the miseries of life: in the simplicity of *The lady with the dog* there is a wonderful portrayal of life's *fullness* — joy and frustration, trust and jealousy, hope and despair, tenderness and disdain. And all this is done with a most extraordinary subtlety, like a great impressionist painting.

Chekhov's greatest talent was for economy of style. Notice, for instance, how little he actually says about Gurov's wife or Anna's husband, and yet how clearly we can imagine them: von Diederitz with his stoop, his weak eyes, his bald patch and side-whiskers, and his bowing and scraping; and Madame Gurova with her use of "Dimitri", her mock-elegance, and her dropping of the hard sign. How briefly, too, can Chekhov conjure up the atmosphere of a town or a room! The hotel at S. has a rough carpet, a broken figure on an inkstand, and a garrulous porter. Yalta by day is sultry, full of generals and their overdressed wives, dusty, a scene of boredom and easy morals; by night, it is set against a moonlit sea, misty mountains, cypresses and the singing of crickets. Moscow, too, is swiftly evoked, with its winter of frosts and sledges, its limes and its birches, its stoves, its churchbells and the endless round of parties.

As for the principal characters, we seem to know them better than the heroes of a novel. Anna is awkward, shy, inexperienced, anxious, easily excited and distracted (she loses her lorgnette in the crowd at the quayside), superstitious, scrupulously polite (note how she calls Gurov вы even when he is making love to her!). She is intensely self-critical, worrying lest Gurov should no longer respect her, calling herself пошлый and дрянной. She has a strong sense of her destiny, believing herself fated to meet Gurov, but fated also to lose him. She is constantly repeating what she has already said, and emphasising her sentences by saying the same word twice (пожить и пожить/забыть, забыть, etc.).

Gurov, above all, is a wonderful creation. At first he is portrayed as a blasé man about town, used to easy conquests and ticking them off as they come. He loses no time in getting to know Anna once he has decided he could do worse; and having made love to her, he sits and eats a watermelon, mildly bored with her tearful protestations. And only then does he find out her surname! Back in Moscow, however, he soon realises the emptiness of his life — his three newspapers a day, his guzzling at restaurants, his card-playing at the club, his children that he is hardly ever allowed to see. Then comes the miracle. The biter is bit: Don Juan has fallen in love. Gurov seeks out Anna, and is changed. She soothes him, comforts him, forces him to live. She makes him a better person, no longer constantly aware of himself and himself alone. But notice how that even at the end, when he is filled with tenderness for Anna, he can still think: "Let her cry for a bit; I'll sit down and wait till she's finished." It is the truthfulness of such touches as this that makes Chekhov's stories so great. And when Gurov sees himself in the mirror he is finally made to realise what little right he has to be thoughtless and condescending towards Anna Sergeyevna.

It has often been asked: what happens after the story ends? This is of course a naïve and meaningless question of the sort that occurs only too often in literary criticism: if Chekhov had wanted us to know, he would have told us. Instead, he ends his story where he does so as deliberately to avoid a solution; it is the *statement* of the problem which interests him — and the problem is so complex that there can be no solution. The problem is one that constantly preoccupied him: he could see a new and more wonderful life somewhere in the distance, but could never reach it. Anna and Gurov are tied to their present lives; but in their moments of happiness together they seem somehow destined for the future life. And Chekhov has no idea how this dilemma may be resolved. The only clue he can see lies in the beauty and the stillness of the night at Oreanda: the sea is roaring below as it did before Oreanda and Yalta were built, and as it would do when they were gone; everything is beautiful and eternal, and all man has to do is to be still and watch, forgetting his stupid preoccupation with things of no importance. What a marvellous vision of peace, and how tragic that Chekhov's contemporaries chose rather to take up the sword!

I

Говори́ли, что на на́бережной появи́лось но́вое лицо́: да́ма с соба́чкой.[1] Дми́трий Дми́трич Гу́ров, прожи́вший в Я́лте[2] уже́ две неде́ли и привы́кший тут, то́же стал интересова́ться но́выми ли́цами. Си́дя в павильо́не у Верне́,[3] он ви́дел, как по на́бережной прошла́ молода́я да́ма, невысо́кого ро́ста блонди́нка, в бере́те; за не́ю бежа́л бе́лый шпиц.

И пото́м он встреча́л её в городско́м саду́ и на скве́ре, по не́скольку раз в день. Она́ гуля́ла одна́, всё в том же

берёте, с белым шпицем; никто не знал, кто она, и называли её просто так: дама с собачкой.

«Если она здесь без мужа и без знакомых,— соображал Гуров,— то[4] было бы не лишнее[5] познакомиться с ней».

Ему не было ещё сорока, но у него была уже дочь двенадцати лет и два сына-гимназиста.[6] Его женили рано, когда он был ещё студентом второго курса,[7] и теперь жена казалась в полтора раза старше его.[8] Это была женщина высокая, с тёмными бровями, прямая, важная, солидная и, как она сама себя называла, мыслящая. Она много читала, не писала в письмах ъ,[9] называла мужа не Дмитрием, а Димитрием,[10] а он втайне считал её недалёкой, узкой, неизящной, боялся её и не любил бывать дома. Изменять ей он начал уже давно, изменял часто и, вероятно, поэтому о женщинах отзывался почти всегда дурно, и когда в его присутствии говорили о них, то[4] он называл их так:

— Низшая раса!

Ему казалось, что он достаточно научен горьким опытом, чтобы называть их как угодно, но всё же без «низшей расы» он не мог бы прожить и двух дней. В обществе мужчин ему было скучно, не по себе,[12] с ними он был неразговорчив, холоден, но когда находился среди женщин, то[4] чувствовал себя свободно и знал, о чём говорить с ними и как держать себя; и даже молчать с ними ему было легко. В его наружности, в характере, во всей его натуре было что-то привлекательное, неуловимое, что располагало к нему женщин, манило их; он знал об этом, и самого его тоже какая-то сила влекла к ним.

Опыт многократный, в самом деле горький опыт, научил его давно, что всякое сближение, которое вначале так приятно разнообразит жизнь и представляется милым и лёгким приключением, у порядочных людей, особенно у москвичей, тяжёлых на подъём, нерешительных, неизбежно вырастает в целую задачу, сложную чрезвычайно, и положение в конце концов становится тягостным. Но при всякой новой встрече с интересною женщиной этот опыт как-то ускользал из памяти, и хотелось жить, и всё казалось так просто и забавно.

И вот однажды, под вечер, он обедал в саду, а дама в берете подходила не спеша, чтобы занять соседний стол. Её выражение, походка, платье, причёска говорили ему, что она из порядочного общества,

замужем, в Ялте в пе́рвый раз и одна́, что ей ску́чно здесь...
В расска́зах о нечистоте́ ме́стных нра́вов мно́го непра́вды,
он презира́л их и знал, что таки́е расска́зы в большинстве́ со-
чиня́ются людьми́, кото́рые са́ми бы охо́тно греши́ли, если б
уме́ли; но, когда́ да́ма се́ла за сосе́дний стол в трёх шага́х от
него́, ему́ вспо́мнились э́ти расска́зы о лёгких побе́дах, о
пое́здках в го́ры, и соблазни́тельная мысль о ско́рой, мимо-
лётной свя́зи, о рома́не с неизве́стною же́нщиной, кото́рой
не зна́ешь по и́мени и фами́лии, вдруг овладе́ла им.[13]

Он ла́сково помани́л к себе́ шпи́ца и, когда́ тот подошёл,
погрози́л ему́ па́льцем. Шпиц заворча́л. Гу́ров опя́ть погрози́л.

Да́ма взгляну́ла на него́ и то́тчас же опусти́ла глаза́.

— Он не куса́ется, — сказа́ла она́ и покрасне́ла.

— Мо́жно дать ему́ кость? — и, когда́ она́ утверди́-
тельно кивну́ла голово́й, он спроси́л приве́тливо: — Вы давно́
изво́лили прие́хать в Ялту?[14]

— Дней пять.[15]

— А я уже́ дотя́гиваю здесь втору́ю неде́лю.

Помолча́ли немно́го.

— Вре́мя идёт бы́стро, а ме́жду тем здесь така́я ску́ка! — сказа́ла она́, не гля́дя на него́.

— Это то́лько при́нято[16] говори́ть, что здесь ску́чно. Обыва́тель живёт у себя́ где́-нибудь в Белёве или Жи́здре[17]— и ему́ не ску́чно, а прие́дет сюда́:[18]«Ах, ску́чно! ах, пыль!» Поду́маешь,[19] что он из Грена́ды[20] прие́хал.

Она́ засмея́лась. Пото́м о́ба продолжа́ли есть мо́лча, как незнако́мые; но по́сле обе́да пошли́ ря́дом — и начался́ шутли́вый, лёгкий разгово́р люде́й свобо́дных, дово́льных, кото́рым всё равно́, куда́ бы ни идти́, о чём ни говори́ть.[21] Они́ гуля́ли и говори́ли о том, как стра́нно освещено́ мо́ре; вода́ была́ сире́невого цве́та, тако́го мя́гкого и тёплого, и по ней от луны́ шла золота́я полоса́. Говори́ли о том, как ду́шно по́сле жа́ркого дня. Гу́ров рассказа́л, что он москви́ч, по образова́нию фило́лог, но слу́жит в ба́нке; гото́вился когда́-то петь в ча́стной о́пере, но бро́сил, име́ет в Москве́ два до́ма... А от неё он узна́л, что она́ вы́росла в Петербу́рге, но вы́шла за́муж в С.,[22]где живёт уже́ два го́да, что пробу́дет она́ в Я́лте ещё с ме́сяц и за ней, быть мо́жет, прие́дет её муж, кото́рому то́же хо́чется отдохну́ть. Она́ ника́к не могла́ объясни́ть, где слу́жит её муж,— в губе́рнском правле́нии или в губе́рнской зе́мской упра́ве, и э́то ей само́й бы́ло смешно́. И узна́л ещё Гу́ров, что её зову́т А́нной Серге́евной.

Пото́м у себя́ в но́мере он ду́мал о ней, о том, что за́втра она́, наве́рное, встре́тится с ним. Так должно́ быть. Ложа́сь спать, он вспо́мнил, что она́ ещё так неда́вно была́ институ́ткой,[23] учи́лась, всё равно́ как тепе́рь его́ дочь, вспо́мнил,

5

сколько ещё несмелости, угловатости было в её смехе, в разговоре с незнакомым, — должно быть, это первый раз в жизни она была одна, в такой обстановке, когда за ней ходят и на неё смотрят, и говорят с ней только с одною тайною целью, о которой она не может не догадываться. Вспомнил он её тонкую, слабую шею, красивые серые глаза.

«Что-то в ней есть жалкое всё-таки», — подумал он и стал засыпать.

II

Прошла́ неде́ля по́сле знако́мства. Был пра́здничный день.[24] В ко́мнатах бы́ло ду́шно, а на у́лицах ви́хрем носи́лась пыль, срыва́ло шля́пы.[25] Весь день хоте́лось пить, и Гу́ров ча́сто заходи́л в павильо́н и предлага́л А́нне Серге́евне то воды́ с сиро́пом, то моро́женого.[26] Не́куда бы́ло дева́ться.[27]

Ве́чером, когда́ немно́го ути́хло, они́ пошли́ на мол, что́бы посмотре́ть, как придёт парохо́д. На при́стани бы́ло мно́го гуля́ющих; собрали́сь встреча́ть кого́-то, держа́ли буке́ты. И тут отчётливо броса́лись в глаза́ две осо́бенности наря́дной я́лтинской толпы́: пожилы́е да́мы бы́ли оде́ты, как молоды́е, и бы́ло мно́го генера́лов.

По слу́чаю волне́ния на́ мо́ре парохо́д пришёл по́здно, когда́ уже́ се́ло со́лнце, и, пре́жде чем приста́ть к мо́лу, до́лго повора́чивался.[28] А́нна Серге́евна смотре́ла в лорне́тку на парохо́д и на пассажи́ров, как бы оты́скивая знако́мых, и когда́ обраща́лась к Гу́рову, то[4] глаза́ у неё блесте́ли. Она́ мно́го говори́ла, и вопро́сы у неё бы́ли отры́висты, и она́ сама́ то́тчас же забыва́ла, о чём спра́шивала; пото́м потеря́ла в толпе́ лорне́тку.

Наря́дная толпа́ расходи́лась, уже́ не́ было ви́дно лиц, ве́тер стих совсе́м, а Гу́ров и А́нна Серге́евна стоя́ли, то́чно ожида́я, не сойдёт ли ещё кто[29] с парохо́да. А́нна Серге́евна уже́ молча́ла и ню́хала цветы́, не гля́дя на Гу́рова.

— Пого́да к ве́черу ста́ла полу́чше,— сказа́л он.— Куда́ же мы тепе́рь пойдём? Не пое́хать ли нам куда́-нибудь?[30]

Она́ ничего́ не отве́тила.

Тогда́ он при́стально погляде́л на неё и вдруг о́бнял её и поцелова́л в гу́бы, и его́ о́бдало за́пахом и вла́гой цвето́в,[31] и то́тчас же он пугли́во огляде́лся: не ви́дел ли кто?[32]

— Пойдёмте к вам...[33]— проговори́л он ти́хо.

И о́ба пошли́ бы́стро.

У неё в но́мере бы́ло ду́шно, па́хло духа́ми, кото́рые она́ купи́ла в япо́нском магази́не.[34] Гу́ров, гля́дя на неё тепе́рь, ду́мал: «Каки́х то́лько не быва́ет в жи́зни встреч!»[35] От про́шлого у него́ сохрани́лось воспомина́ние о беззабо́тных, доброду́шных же́нщинах, весёлых от любви́, благода́рных ему́ за сча́стье, хотя́ бы о́чень коро́ткое; и о таки́х,[36]— как, наприме́р, его́ жена́,— кото́рые люби́ли без и́скренности, с изли́шними разгово́рами, мане́рно, с истери́ей, с таки́м выраже́нием, как бу́дто то была́ не любо́вь, не страсть, а что́-то бо́лее значи́тельное; и о таки́х[36] двух-трёх, о́чень краси́вых, холо́дных, у кото́-

рых вдруг промелькало на лице хищное выражение, упрямое желание взять, выхватить у жизни больше, чем она может дать, и это были не первой молодости, капризные, не рассуждающие, властные, не умные женщины, и когда Гуров охладевал к ним, то красота⁴ их возбуждала в нём ненависть, и кружева на их белье казались ему тогда похожими на чешую.

Но тут всё та же несмелость, угловатость неопытной молодости, неловкое чувство; и было впечатление растерянности, как будто кто вдруг²⁹ постучал в дверь. Анна Сергеевна, эта «дама с собачкой», к тому, что произошло, отнеслась как-то особенно, очень серьёзно, точно к своему падению,— так казалось, и это было странно и некстати. У неё опустились, завяли черты и по сторонам лица печально висели длинные волосы, она задумалась в унылой позе, точно грешница на старинной картине.³⁷

— Нехорошо,— сказала она.— Вы же первый меня не уважаете теперь.

9

На столе́ в но́мере был арбу́з. Гу́ров отре́зал себе́ ло́моть и стал есть не спеша́. Прошло́ по кра́йней ме́ре полчаса́ в молча́нии.

А́нна Серге́евна была́ тро́гательна, от неё ве́яло[38] чистото́й поря́дочной, наи́вной, ма́ло жи́вшей же́нщины; одино́кая свеча́, горе́вшая на столе́, едва́ освеща́ла её лицо́, но бы́ло ви́дно, что у неё нехорошо́ на душе́.[39]

— Отчего́ бы я мог переста́ть уважа́ть тебя́? — спроси́л Гу́ров.— Ты сама́ не зна́ешь, что говори́шь.

— Пусть Бог меня́ прости́т! — сказа́ла она́, и глаза́ у неё напо́лнились слеза́ми.— Э́то ужа́сно.

— Ты то́чно опра́вдываешься.

— Чем мне оправда́ться?[40] Я дурна́я, ни́зкая же́нщина, я себя́ презира́ю и, об оправда́нии не ду́маю. Я не му́жа обману́ла, а само́е себя́. И не сейча́с то́лько, а уже́ давно́ обма́нываю. Мой муж, быть мо́жет, че́стный, хоро́ший челове́к, но ведь он лаке́й! Я не зна́ю, что он де́лает там, как слу́жит, а зна́ю то́лько, что он лаке́й. Мне, когда́ я вы́шла за него́, бы́ло два́дцать лет, меня́ томи́ло любопы́тство, мне хоте́лось чего́-нибудь полу́чше; ведь есть же,— говори́ла я себе́,— друга́я жизнь. Хоте́лось пожи́ть! Пожи́ть и пожи́ть... Любопы́тство меня́ жгло... вы э́того не понима́ете, но, кляну́сь Бо́гом, я уже́ не могла́ владе́ть собо́й, со мной что́-то де́лалось, меня́ нельзя́ бы́ло удержа́ть, я сказа́ла му́жу, что больна́, и пое́хала сюда́... И здесь всё ходи́ла, как в уга́ре, как безу́мная... и вот я ста́ла по́шлой, дрянно́й же́нщиной, кото́рую вся́кий мо́жет презира́ть.

Гу́рову бы́ло уже́ ску́чно слу́шать, его́ раздража́л наи́вный тон, э́то покая́ние, тако́е неожи́данное и неуме́стное; е́сли бы не слёзы на глаза́х, то[4] мо́жно бы́ло бы поду́мать, что она́ шу́тит и́ли игра́ет роль.

— Я не понима́ю,—сказа́л он ти́хо,—что же ты хо́чешь?

Она́ спря́тала лицо́ у него́ на груди́ и прижа́лась к нему́.

— Ве́рьте, ве́рьте мне, умоля́ю вас...— говори́ла она́.— Я люблю́ че́стную, чи́стую жизнь, а грех мне га́док, я сама́ не зна́ю, что де́лаю. Просты́е лю́ди говоря́т: нечи́стый попу́тал.[41] И я могу́ тепе́рь про себя́ сказа́ть, что меня́ попу́тал нечи́стый.

— По́лно, по́лно...— бормота́л он.

Он смотре́л ей в неподви́жные, испу́ганные глаза́, целова́л её, говори́л ти́хо и ла́сково, и она́ понемно́гу успоко́илась, и весёлость верну́лась к ней; ста́ли о́ба смея́ться.

Пото́м, когда́ они́ вы́шли, на на́бережной не́ было ни души́, го́род со свои́ми кипари́сами име́л совсе́м мёртвый

вид, но мо́ре ещё шуме́ло[42] и би́лось о бе́рег; оди́н барка́с кача́лся на волна́х, и на нём со́нно мерца́л фона́рик.

Нашли́ изво́зчика и пое́хали в Ореа́нду.[43]

— Я сейча́с внизу́ в пере́дней узна́л твою́ фами́лию: на доске́ напи́сано фон Ди́дериц,[44] — сказа́л Гу́ров. — Твой муж не́мец?

— Нет, у него́, ка́жется, дед был не́мец, но сам он правосла́вный.[45]

В Ореа́нде сиде́ли на скамье́, недалеко́ от це́ркви, смотре́ли вниз на мо́ре и молча́ли. Я́лта была́ едва́ видна́ сквозь у́тренний тума́н, на верши́нах гор неподви́жно стоя́ли бе́лые облака́. Листва́ не шевели́лась на дере́вьях, крича́ли цика́ды, и однообра́зный, глухо́й шум мо́ря, доноси́вшийся сни́зу, говори́л о поко́е, о ве́чном сне, како́й[46] ожида́ет нас. Так шуме́ло[42] внизу́, когда́ ещё тут не́ было ни Я́лты, ни Ореа́нды, тепе́рь шуми́т и бу́дет шуме́ть так же равноду́шно и глу́хо, когда́ нас не бу́дет. И в э́том постоя́нстве, в по́лном равноду́шии к жи́зни и сме́рти ка́ждого из нас кро́ется, быть мо́жет, зало́г на́шего ве́чного спасе́ния, непреры́вного движе́ния жи́зни на земле́, непреры́вного совершенства. Си́дя ря́дом

с молодо́й же́нщиной, кото́рая на рассве́те каза́лась тако́й краси́вой, успоко́енный и очаро́ванный в виду́ э́той ска́зочной обстано́вки — мо́ря, гор, облако́в, широ́кого не́ба, Гу́ров ду́мал о том, как, в су́щности, е́сли вду́маться,[47] всё прекра́сно на э́том све́те, всё, кро́ме того́, что мы са́ми мы́слим и де́лаем, когда́ забыва́ем о вы́сших це́лях бытия́, о своём челове́ческом досто́инстве.

Подошёл како́й-то челове́к — должно́ быть, сто́рож,— посмотре́л на них и ушёл. И э́та подро́бность показа́лась тако́й таи́нственной и то́же краси́вой. Ви́дно бы́ло, как пришёл парохо́д из Феодо́сии,[48] освещённый у́тренней зарёй, уже́ без огне́й.

— Роса́ на траве́,— сказа́ла А́нна Серге́евна после молча́ния.

— Да. Пора́ домо́й.⁴⁹

Они́ верну́лись в го́род.

Пото́м ка́ждый по́лдень они́ встреча́лись на на́бережной, за́втракали вме́сте, обе́дали, гуля́ли, восхища́лись мо́рем. Она́ жа́ловалась, что ду́рно спит и что у неё трево́жно бьётся се́рдце, задава́ла всё одни́ и те же вопро́сы, волну́емая то ре́вностью, то стра́хом, что он недоста́точно её уважа́ет. И ча́сто на скве́ре и́ли в саду́, когда́ вблизи́ их⁵⁰ никого́ не́ было, он вдруг привлека́л её к себе́ и целова́л стра́стно. Соверше́нная пра́здность, э́ти поцелу́и среди́ бе́лого дня,⁵¹ с огля́дкой и стра́хом, как бы кто не⁵² уви́дел, жара́, за́пах мо́ря и постоя́нное мелька́ние перед глаза́ми пра́здных, наря́дных, сы́тых люде́й то́чно перероди́ли его́; он говори́л А́нне Серге́евне

14

о том, как она хороша, как соблазнительна, был нетерпеливо страстен, не отходил от неё ни на шаг, а она часто задумывалась и всё просила его сознаться, что он её не уважает, нисколько не любит, а только видит в ней пошлую женщину. Почти каждый вечер попозже они уезжали куда-нибудь за город, в Ореанду или на водопад; и прогулка удавалась, впечатления неизменно всякий раз были прекрасны, величавы.

Ждали, что приедет муж. Но пришло от него письмо, в котором он извещал, что у него разболелись глаза, и умолял жену поскорее вернуться домой. Анна Сергеевна заторопилась.

— Это хорошо, что я уезжаю,—говорила она Гурову.— Это сама судьба.

Она́ пое́хала на лошадя́х,[53] и он провожа́л её. Е́хали це́-
лый день. Когда́ она́ сади́лась в ваго́н курье́рского по́езда и
когда́ проби́л второ́й звоно́к,[54] она́ говори́ла:

— Да́йте, я погляжу́ на вас ещё... Погляжу́ ещё раз.
Вот так.[55]

Она́ не пла́кала, но была́ грустна́, то́чно больна́, и лицо́
у неё дрожа́ло.

— Я бу́ду о вас ду́мать... вспомина́ть, — говори́ла она́. —
Госпо́дь с ва́ми, остава́йтесь. Не помина́йте ли́хом.[56] Мы на-
всегда́ проща́емся, э́то так ну́жно, потому́ что не сле́довало
бы во́все встреча́ться.[57] Ну, Госпо́дь с ва́ми.

По́езд ушёл бы́стро, его́ огни́ ско́ро исче́зли, и че́рез
мину́ту уже́ не́ было слы́шно шу́ма, то́чно всё сговори́лось

нарочно, чтобы прекратить поскорее это сладкое забытьё, это безумие. И, оставшись один на платформе и глядя в тёмную даль, Гуров слушал крик кузнечиков и гудение телеграфных проволок с таким чувством, как будто только что проснулся. И он думал о том, что вот в его жизни было ещё одно похождение или приключение, и оно тоже уже кончилось, и осталось теперь воспоминание... Он был растроган, грустен и испытывал лёгкое раскаяние; ведь эта молодая женщина, с которой он больше уже никогда не увидится, не была с ним счастлива; он был приветлив с ней и сердечен, но всё же в обращении с ней, в его тоне и ласках сквозила тенью лёгкая насмешка,[58] грубоватое высокомерие счастливого мужчины, который к тому же почти вдвое старше ее. Всё время она называла его добрым, необыкновенным, возвышенным; очевидно, он казался ей не тем, чем был на самом деле, значит невольно обманывал её...

Здесь на станции уже пахло осенью, вечер был прохладный.

«Пора и мне[59] на север,[49]— думал Гуров, уходя с платформы. — Пора!»

17

III

Дома в Москве́ уже́ всё бы́ло по-зи́мнему, топи́ли пе́чи, и по утра́м, когда́ де́ти собира́лись в гимна́зию[6] и пи́ли чай, бы́ло темно́, и ня́ня ненадо́лго зажига́ла ого́нь. Уже́ начали́сь моро́зы. Когда́ идёт пе́рвый снег, в пе́рвый день езды́ на саня́х, прия́тно ви́деть бе́лую зе́млю, бе́лые кры́ши, ды́шится мя́гко, сла́вно,[60] и в э́то вре́мя вспомина́ются ю́ные го́ды. У ста́рых лип и берёз, бе́лых от и́нея, доброду́шное выраже́ние, они́ бли́же к се́рдцу, чем кипари́сы и па́льмы, и вблизи́ них уже́ не хо́чется ду́мать о гора́х и мо́ре.

Гу́ров был москви́ч, верну́лся он в Москву́ в хоро́ший, моро́зный день, и когда́ наде́л шу́бу и тёплые перча́тки и прошёлся по Петро́вке[61] и когда́ в суббо́ту ве́чером услы́шал звон колоколо́в, то[4] неда́вняя пое́здка и места́, в кото́рых он был, утеря́ли для него́ всё очарова́ние. Ма́ло-пома́лу он окуну́лся в моско́вскую жизнь, уже́ с жа́дностью прочи́тывал по́ три газе́ты в день[62] и говори́л, что не чита́ет моско́вских газе́т из при́нципа. Его́ уже́ тяну́ло[63] в рестора́ны, клу́бы, на зва́ные обе́ды, юбиле́и, и уже́ ему́ бы́ло ле́стно, что у него́ быва́ют изве́стные адвока́ты и арти́сты[64] и что в До́кторском клу́бе[65] он игра́ет в ка́рты с профе́ссором. Уже́ он мог съесть це́лую по́рцию селя́нки на сковоро́дке...[66]

Пройдёт[67] како́й-нибудь ме́сяц, и А́нна Серге́евна, каза́лось ему́, покро́ется в па́мяти тума́ном и то́лько и́зредка бу́дет

19

сни́ться с тро́гательной улы́бкой, как сни́лись други́е. Но прошло́ бо́льше ме́сяца, наступи́ла глубо́кая зима́, а в па́мяти всё бы́ло я́сно, то́чно расста́лся он с А́нной Серге́евной то́лько вчера́. И воспомина́ния разгора́лись всё сильне́е. Доноси́лись ли[68] в вече́рней тишине́ в его́ кабине́т голоса́ дете́й, приготов- ля́вших уро́ки, слы́шал ли он рома́нс,[68] и́ли орга́н в рестора́не, и́ли завыва́ла в ками́не мете́ль, как вдруг воскреса́ло в па́- мяти всё: и то, что бы́ло на молу́,[69] и ра́ннее у́тро с тума́ном на гора́х, и парохо́д из Феодо́сии, и поцелу́и. Он до́лго ходи́л по ко́мнате, и вспомина́л, и улыба́лся, и пото́м воспомина́ния переходи́ли в мечты́, и проше́дшее в воображе́нии меша́лось с тем, что бу́дет. А́нна Серге́евна не сни́лась ему́, а шла за ним всю́ду, как тень, и следи́ла за ним. Закры́вши глаза́, он ви́дел её как живу́ю, и она́ каза́лась краси́вее, моло́же, неж- не́е, чем была́; и сам он каза́лся себе́ лу́чше, чем был тогда́, в Ялте. Она́ по вечера́м гляде́ла на него́ из кни́жного шка́фа, из ками́на, из угла́, он слы́шал её дыха́ние, ла́сковый шо́рох её оде́жды. На у́лице он провожа́л взгля́дом же́нщин, иска́л, нет ли похо́жей на неё.[70]...

И уже́ томи́ло си́льное жела́ние подели́ться с ке́м-нибудь свои́ми воспомина́ниями. Но до́ма нельзя́ бы́ло говори́ть о свое́й любви́, а вне до́ма — не́ с кем.[71] Не с жильца́ми же и не в ба́нке. И о чём говори́ть? Ра́зве он люби́л тогда́? Ра́зве бы́ло что́-нибудь краси́вое, поэти́ческое, и́ли поучи́тельное, и́ли про́сто интере́сное в его́ отноше́ниях к А́нне Серге́евне? И приходи́лось говори́ть неопределённо о любви́, о же́нщинах, и никто́ не дога́дывался, в чём де́ло, и то́лько жена́ шевели́ла свои́ми тёмными бровя́ми и говори́ла:

— Тебе́, Дими́трий, совсе́м не идёт роль фа́та.

Одна́жды но́чью, выходя́ из До́кторского клу́ба со свои́м партнёром, чино́вником, он не удержа́лся и сказа́л:

— Е́сли б вы зна́ли, с како́й очарова́тельной же́нщиной я познако́мился в Я́лте!

21

Чиновник сел в сани и поехал, но вдруг сбернулся и окликнул:

— Дмитрий Дмитрич!

— Что?

— А давеча вы были правы: осетрина-то с душком![72]

Эти слова, такие обычные, почему-то вдруг возмутили Гурова, показались ему унизительными, нечистыми. Какие дикие нравы, какие лица! Что за бестолковые ночи, какие неинтересные, незаметные дни! Неистовая игра в карты, обжорство, пьянство, постоянные разговоры всё об одном. Ненужные дела и разговоры всё об одном отхватывают на свою долю лучшую часть времени, лучшие силы, и в конце концов остаётся какая-то куцая, бескрылая жизнь, какая-то

22

чепуха́, а уйти́ и бежа́ть нельзя́, то́чно сиди́шь[73] в сумасше́дшем до́ме и́ли в аре́стантских ро́тах![74]

Гу́ров не спал всю ночь и возмуща́лся, и зате́м весь день провёл с головно́й бо́лью. И в сле́дующие но́чи он спал ду́рно, всё сиде́л в посте́ли и ду́мал и́ли ходи́л из угла́ в у́гол. Де́ти ему́ надое́ли, банк надое́л, не хоте́лось никуда́ идти́, ни о чём говори́ть.

В декабре́ на пра́здниках он собра́лся в доро́гу и сказа́л жене́, что уезжа́ет в Петербу́рг хлопота́ть за одного́ молодо́го челове́ка — и уе́хал в С.[22] Заче́м? Он и сам не знал хорошо́. Ему́ хоте́лось повида́ться с А́нной Серге́евной и поговори́ть, устро́ить свида́ние, е́сли мо́жно.

Прие́хал он в С. у́тром и за́нял в гости́нице лу́чший но́мер, где весь пол был обтя́нут се́рым солда́тским сукно́м, и была́ на столе́ черни́льница, се́рая от пы́ли, со вса́дником на ло́шади, у кото́рого была́ по́днята рука́ со шля́пой, а голова́

23

отби́та. Швейца́р дал ему́ ну́жные све́дения: фон Ди́дериц живёт на Ста́ро-Гонча́рной у́лице,[75] в со́бственном до́ме — э́то недалеко́ от гости́ницы, живёт хорошо́, бога́то, име́ет свои́х лошаде́й, его́ все зна́ют в го́роде. Швейца́р выгова́ривал так: Дры́дыриц.

Гу́ров не спеша́ пошёл на Ста́ро-Гонча́рную, отыска́л дом. Как раз про́тив до́ма тяну́лся забо́р, се́рый, дли́нный, с гвоздя́ми.

«От тако́го забо́ра убежи́шь», — ду́мал Гу́ров, погля́дывая то на о́кна, то на забо́р.

Он сообража́л: сего́дня день непрису́тственный, и муж, вероя́тно, до́ма. Да и всё равно́,[76] бы́ло бы беста́ктно войти́ в дом и смути́ть. Е́сли же посла́ть запи́ску, то[4] она́, пожа́луй, попадёт в ру́ки му́жу, и тогда́ всё мо́жно испо́ртить. Лу́чше всего́ положи́ться на слу́чай. И он всё ходи́л по у́лице и о́коло забо́ра и поджида́л э́того слу́чая. Он ви́дел, как в воро́та вошёл ни́щий и на него́ напа́ли соба́ки, пото́м, час спустя́, слы́шал игру́ на роя́ле, и зву́ки доноси́лись сла́бые, нея́сные. Должно́ быть, А́нна Серге́евна игра́ла.

Пара́дная дверь вдруг отвори́лась, и из неё вы́шла кака́я-то стару́шка, а за не́ю бежа́л знако́мый бе́лый шпиц. Гу́ров хоте́л позва́ть соба́ку, но у него́ вдруг заби́лось се́рдце, и он от волне́ния не мог вспо́мнить, как зову́т шпи́ца.

Он ходи́л, и всё бо́льше и бо́льше ненави́дел се́рый забо́р, и уже́ ду́мал с раздраже́нием, что А́нна Серге́евна забы́ла о нём и, быть мо́жет, уже́ развлека́ется с други́м, и э́то так есте́ственно в положе́нии молодо́й же́нщины, кото́рая вы́нуждена с утра́ до ве́чера ви́деть э́тот прокля́тый забо́р. Он верну́лся к себе́ в но́мер и до́лго сиде́л на дива́не, не зна́я, что де́лать, пото́м обе́дал, пото́м до́лго спал.

«Как всё э́то глу́по и беспоко́йно,— ду́мал он, просну́вшись и гля́дя на тёмные о́кна: был уже́ ве́чер.— Вот и вы́спался заче́м-то.[77] Что же я тепе́рь но́чью бу́ду де́лать?»

Он сиде́л на посте́ли, покры́той дешёвым се́рым, то́чно больни́чным, одея́лом, и дразни́л себя́ с доса́дой:

«Во́т тебе́ и[78] да́ма с соба́чкой... Во́т тебе́ и[78] приключе́ние... Вот и[77] сиди́ тут».

Ещё у́тром, на вокза́ле, ему́ бро́силась в глаза́ афи́ша с о́чень кру́пными бу́квами: шла в пе́рвый раз «Ге́йша».[79] Он вспо́мнил об э́том и пое́хал в теа́тр.

«О́чень возмо́жно, что она́ быва́ет на пе́рвых представле́ниях»,[80]— ду́мал он.

Теа́тр был по́лон. И тут, как вообще́ во всех губе́рнских теа́трах, был тума́н повы́ше лю́стры, шу́мно беспоко́илась галёрка; в пе́рвом ряду́ перед нача́лом представле́ния стоя́ли ме́стные фра́нты, заложи́в ру́ки наза́д;[81] и тут, в губерна́торской[82] ло́же, на пе́рвом ме́сте сиде́ла губерна́торская дочь в боа́,[83] а сам губерна́тор скро́мно пря́тался за портье́рой, и видны́ бы́ли то́лько его́ ру́ки; кача́лся за́навес, орке́стр до́лго настра́ивался. Всё вре́мя, пока́ пу́блика входи́ла и занима́ла места́, Гу́ров жа́дно иска́л глаза́ми.

Вошла́ и[84] А́нна Серге́евна. Она́ се́ла в тре́тьем ряду́, и когда́ Гу́ров взгляну́л на неё, то[4] се́рдце у него́ сжа́лось, и он по́нял я́сно, что для него́ тепе́рь на всём све́те нет бли́же, доро́же и важне́е челове́ка;[85] она́, затеря́вшаяся в провинциа́льной толпе́, э́та ма́ленькая же́нщина, ниче́м не замеча́тельная, с вульга́рною лорне́ткой в рука́х, наполня́ла тепе́рь всю его́ жизнь, была́ его́ го́рем, ра́достью, еди́нственным счастьем, како́го[46] он тепе́рь жела́л для себя́; и под зву́ки плохо́го орке́стра, дрянны́х обыва́тельских скри́пок, он ду́мал о том, как она́ хороша́. Ду́мал и мечта́л.

Вме́сте с А́нной Серге́евной вошёл и сел ря́дом молодо́й челове́к с небольши́ми ба́кенами, о́чень высо́кий, суту́лый; он при ка́ждом ша́ге пока́чивал голово́й и, каза́лось, постоя́нно кла́нялся. Вероя́тно, э́то был муж, кото́рого она́ тогда́

в Ялте, в порыве горького чувства, обозвала лакеем. И в самом деле, в его длинной фигуре, в бакенах, в небольшой лысине было что-то лакейски скромное, улыбался он сладко, и в петлице у него блестел какой-то учёный значок,[86] точно лакейский номер.

В первом антракте муж ушёл курить, она осталась в кресле. Гуров, сидевший тоже в партере, подошёл к ней и сказал дрожащим голосом, улыбаясь насильно:

— Здравствуйте.

Она взглянула на него и побледнела, потом ещё раз взглянула с ужасом, не веря глазам, и крепко сжала в руках

27

вместе ве́ер и лорне́тку, очеви́дно боря́сь с собо́й, что́бы не упа́сть в о́бморок. О́ба молча́ли. Она́ сиде́ла, он стоя́л, испу́ганный её смуще́нием, не реша́ясь сесть ря́дом. Запе́ли настра́иваемые скри́пки и фле́йта,[87] ста́ло вдруг стра́шно, каза́лось, что из всех лож смо́трят. Но вот она́ вста́ла и бы́стро пошла́ к вы́ходу; он—за ней, и о́ба шли бестолко́во, по коридо́рам, по ле́стницам, то поднима́ясь, то спуска́ясь, и мелька́ли у них перед глаза́ми каки́е-то лю́ди в суде́йских, учи́тельских и уде́льных мунди́рах,[88] и все со значка́ми; мелька́ли да́мы, шу́бы на ве́шалках, дул сквозно́й ве́тер, обдава́я за́пахом таба́чных оку́рков. И Гу́ров, у кото́рого си́льно би́лось се́рдце, ду́мал: «О Го́споди! И к чему́ э́ти лю́ди, э́тот орке́стр...»

И в эту минуту он вдруг вспомнил, как тогда вечером на станции, проводив Анну Сергеевну, говорил себе, что всё кончилось и они уже никогда не увидятся. Но как ещё далеко было до конца!

На узкой, мрачной лестнице, где было написано «ход в амфитеатр»,[89] она остановилась.

— Как вы меня испугали! — сказала она, тяжело дыша, всё ещё бледная, ошеломлённая.— О, как вы меня испугали! Я едва жива. Зачем вы приехали? Зачем?

— Но поймите, Анна, поймите...— проговорил он вполголоса, торопясь.— Умоляю вас, поймите...

Она глядела на него со страхом, с мольбой, с любовью, глядела пристально, чтобы покрепче задержать в памяти его черты.

— Я так страдаю! — продолжала она, не слушая его.— Я всё время думала только о вас, я жила мыслями о вас. И мне хотелось забыть, забыть, но зачем, зачем вы приехали?

Повыше, на площадке, два гимназиста[6] курили и смотрели вниз, но Гурову было всё равно, он привлёк к себе Анну Сергеевну и стал целовать её лицо, щёки, руки.

— Что вы делаете, что вы делаете! — говорила она в ужасе, отстраняя его от себя.— Мы с вами обезумели. Уезжайте сегодня же,[90] уезжайте сейчас... Заклинаю вас всем святым, умоляю... Сюда идут![91]

По лестнице снизу вверх кто-то шёл.

— Вы должны уехать...— продолжала Анна Сергеевна шёпотом.— Слышите, Дмитрий Дмитрич? Я приеду к вам в Москву. Я никогда не была счастлива, я теперь несчастна и никогда, никогда не буду счастлива, никогда! Не застав-

29

ляйте же меня страдать ещё больше! Клянусь, я приеду в Москву. А теперь расстанемся! Мой милый, добрый, дорогой мой, расстанемся!

Она пожала ему руку и стала быстро спускаться вниз, всё оглядываясь на него, и по глазам её было видно, что она в самом деле не была счастлива... Гуров постоял немного, прислушался, потом, когда всё утихло, отыскал свою вешалку и ушёл из театра.

IV

И Анна Сергеевна стала приезжать к нему в Москву. Раз в два-три месяца она уезжала из С. и говорила мужу, что едет посоветоваться с профессором насчёт своей женской болезни, — и муж верил и не верил. Приехав в Москву, она останавливалась в «Славянском базаре»[92] и тотчас же посылала к Гурову человека в красной шапке. Гуров ходил к ней, и никто в Москве не знал об этом.

Однажды он шёл к ней таким образом в зимнее утро (посыльный был у него накануне вечером и не застал).

С ним шла его дочь, которую хотелось ему проводить в гимназию, это было по дороге. Валил крупный мокрый снег.[93]

— Теперь три градуса тепла, а между тем идёт снег, — говорил Гуров дочери. — Но ведь это тепло только на поверхности земли, в верхних же слоях атмосферы совсем другая температура.

— Папа, а почему зимой не бывает грома?

Он объяснил и это.[59] Он говорил и думал о том, что вот он идёт на свидание и ни одна живая душа не знает об этом и, вероятно, никогда не будет знать. У него были две жизни: одна явная, которую видели и знали все, кому это нужно было, полная условной правды и условного обмана, похожая

32

совершённо на жизнь его знакомых и друзей, и другая — протекавшая тайно. И по какому-то странному стечению обстоятельств, быть может случайному, всё, что было для него важно, интересно, необходимо, в чём он был искренен и не обманывал себя, что составляло зерно его жизни, происходило тайно от других, всё же,[94] что было его ложью, его оболочкой, в которую он прятался, чтобы скрыть правду, как, например, его служба в банке, споры в клубе, его «низшая раса», хождение с женой на юбилеи, — всё это было явно. И по себе он судил о других, не верил тому, что видел, и всегда предполагал, что у каждого человека под покровом тайны, как под покровом ночи, проходит его настоящая, самая интересная жизнь. Каждое личное существование

держится на тайне, и, быть может, отчасти поэтому культурный человек так нервно хлопочет о том, чтобы уважалась личная тайна.

Проводив дочь в гимназию,[6] Гуров отправился в «Славянский базар». Он снял шубу внизу, поднялся наверх и тихо постучал в дверь. Анна Сергеевна, одетая в его любимое серое платье, утомлённая дорогой и ожиданием, поджидала его со вчерашнего вечера; она была бледна, глядела на него и не улыбалась, и едва он вошёл, как она уже припала к его груди. Точно они не виделись года два,[15] поцелуй их был долгий, длительный.

— Ну, как живёшь там?[95] — спросил он. — Что нового?

— Погоди, сейчас скажу... Не могу.

Она не могла говорить, так как плакала. Отвернулась от него и прижала платок к глазам.

«Ну, пускай поплачет, а я пока посижу»,[96] — подумал он и сел в кресло.

Потом он позвонил и сказал, чтобы ему принесли чаю; и потом, когда пил чай, она всё стояла, отвернувшись к окну... Она плакала от волнения, от скорбного сознания, что их жизнь так печально сложилась; они видятся только тайно, скрываются от людей, как воры! Разве жизнь их не разбита?

— Ну, перестань! — сказал он.

Для него было очевидно, что эта их любовь кончится ещё не скоро, неизвестно когда. Анна Сергеевна привязывалась к нему всё сильнее, обожала его, и было бы немыслимо сказать ей, что всё это должно же иметь когда-нибудь конец; да она бы и не поверила этому.[97]

Он подошёл к ней и взял её за плечи, чтобы приласкать, пошутить, и в это время увидел себя в зеркале.

34

Голова́ его́ уже́ начина́ла седе́ть. И ему́ показа́лось стра́нным, что он так постаре́л за после́дние го́ды, так подурне́л. Пле́чи, на кото́рых лежа́ли его́ ру́ки, бы́ли теплы́ и вздра́гивали. Он почу́вствовал сострада́ние к э́той жи́зни, ещё тако́й тёплой и краси́вой, но, вероя́тно, уже́ бли́зкой к тому́, что́бы нача́ть блёкнуть и вя́нуть, как его́ жизнь. За что она́ его́ лю́бит так? Он всегда́ каза́лся же́нщинам не тем, кем был, и люби́ли они́ в нём не его́ самого́, а челове́ка, кото́рого создава́ло их воображе́ние и кото́рого они́ в свое́й жи́зни жа́дно иска́ли; и пото́м, когда́ замеча́ли свою́ оши́бку, то[4] всё-таки люби́ли. И ни одна́ из них не была́ с ним сча́стлива. Вре́мя шло, он знако́мился, сходи́лся, расстава́лся, но ни ра́зу не люби́л; бы́ло всё что уго́дно, но то́лько не любо́вь.

И то́лько тепе́рь, когда́ у него́ голова́ ста́ла седо́й, он полюби́л как сле́дует, по-настоя́щему — пе́рвый раз в жи́зни.

А́нна Серге́евна и он люби́ли друг дру́га, как о́чень бли́зкие, родны́е лю́ди, как муж и жена́, как не́жные друзья́; им каза́лось, что сама́ судьба́ предназна́чила их друг для дру́га, и бы́ло непоня́тно, для чего́ он жена́т, а она́ за́мужем;[98] и то́чно э́то бы́ли две перелётные пти́цы, саме́ц и са́мка, кото́рых пойма́ли и заста́вили жить в отде́льных кле́тках. Они́ прости́ли друг дру́гу то, чего́ стыди́лись в своём про́шлом, проща́ли всё в настоя́щем и чу́вствовали, что э́та их любо́вь измени́ла их обо́их.

Пре́жде в гру́стные мину́ты он успока́ивал себя́ вся́кими рассужде́ниями, каки́е то́лько[99] приходи́ли ему́ в го́лову, тепе́рь же ему́ бы́ло не до рассужде́ний,[100] он чу́вствовал глубо́кое сострада́ние, хоте́лось быть и́скренним, не́жным...

— Перестань, моя хорошая,— говорил он,— поплакала — и будет...[101] Теперь давай поговорим, что-нибудь придумаем.

Потом они долго советовались, говорили о том, как избавить себя от необходимости прятаться, обманывать, жить в разных городах, не видеться подолгу. Как освободиться от этих невыносимых пут?

— Как? Как? — спрашивал он, хватая себя за голову.— Как?

И казалось, что ещё немного — и решение будет найдено, и тогда начнётся новая, прекрасная жизнь; и обоим было ясно, что до конца ещё далеко-далеко и что самое сложное и трудное[102] только ещё начинается.

1899

NOTES

1. дáма с собáчкой. This has been translated variously as "The lady with the dog","The lady with the little dog", and "The lady with the toy dog". The best approach seems to be to call the dog a "little" dog here only, and thereafter to refer to it simply as "the dog".

2. Я́лта. The celebrated Black Sea resort, in the Crimea.

3. павильóн у Вернé. "Vernet's pavilion". The reference is to a restaurant in the gardens. Note that French names of this kind are pronounced in Russian with an unsoftened consonant: Вернэ́.

4. то. This word often introduces a main clause when the dependent clause is introduced by éсли or когдá. The English equivalent is "then"; but very often, as here, то is best left untranslated.

5. бы́ло бы не ли́шнее. Translate: "there wouldn't be any harm in ..." or "one might do worse than to ...".

6. гимнази́ст. In prerevolutionary Russia, a secondary school was usually called a гимна́зия (the term "gymnasium" is still used in Germany and Switzerland.)

37

Schools with special privileges were named лице́й, after the French "lycée". The nearest English equivalent is "grammar school". The course at a gymnasium lasted eight years, and generally had a classical bias. Translate гимнази́ст "grammar schoolboy".

7. студе́нт второ́го ку́рса. This is the normal Russian for "second year student", each курс lasting a year. Note that in schools the year's course is called класс: учени́к пе́рвого кла́сса, etc.

8. в полтора́ ра́за ста́рше его́. The word полтора́, "one and a half", is usually best taken in conjunction with the word it limits. The best translation here is "half as old again as himself".

9. не писа́ла в пи́сьмах ъ. After the Revolution certain spelling reforms were made: four letters were dropped entirely, and the hard sign (твёрдый знак) was declared to be superfluous in final positions (вотъ столъ). These reforms had been foreseen for many years, and Gurov's wife was among the prophets. Note that as there is a negative you must read не писа́ла в пи́сьмах твёрдого зна́ка.

10. Дми́трий/Дими́трий. Gurov's wife, so avant-garde in her manipulation of hard signs, here shows a learned conservatism. Though both forms of the name were once current in Russian, Дми́трий is of course now the usual spelling. Дими́трий, however, is etymologically more correct.

11. и. Tiny words like и can have a very subtle importance in Russian. The best translation here would probably be "even"; but the context will possibly stand "on end" or "in a row".

12. не по себе́: "out of spirits", "not at his best".

13. не зна́ешь. Note that where English has "one" or "you" in general statements of this kind, Russian has the second person singular of the verb concerned, without the pronoun. кото́рой here is in the genitive because of the negative не зна́ешь; кото́рую would, however, be more usual in this position nowadays.

14. Вы давно́ изво́лили прие́хать в Я́лту? The word изво́лить is now used chiefly for comic effect, though it may still have a strong meaning (compare English "if you please".) Here, however, it stresses the politeness of the question. Translate: "May I enquire how long you have been at Yalta?"

15. Дней пять. The inversion of a number and a noun makes the number less precise; the English "or so" or "about" will usually render this effect.

16. Это то́лько при́нято. "It's merely the done thing ..."

17. Белёв, Жи́здра. Two small towns a couple of hundred kilometres south of Moscow.

18. а прие́дет сюда́: "and when he gets here, it's ..." A common ellipsis, where когда́ and сказа́ть are clearly implied.

19. поду́маешь: "it makes you think", "you might think". See note 13; in such expressions the future perfective may be used if the context demands it: прие́дет ... поду́маешь.

20. Грена́да. Does Chekhov really mean Grenada, the island in the West Indies, or Granada, in Spain? The allusion is

obscure. Perhaps he is simply emphasising the distance
of such exotic places from Yalta; no-one who comes from
Belyov or Zhizdra has the right to complain about Yalta!

21. куда́ ... говори́ть. Literally: "wherever to go, about
whatever to talk"; the particle ни is often found in this
sense. In the context of всё равно, however, ни loses some
of its force, and you will have to make a paraphrase.

22. C. It is generally assumed that Chekhov had either
Samara or Saratov in mind. Samara (now known as Kui-
byshev) and Saratov are important cities on the Volga.

23. институ́тка. An институ́т was a girls' boarding school in
prerevolutionary Russia, an институ́тка one of its pupils.

24. пра́здничный день. This is an alternative way of saying
пра́здник. A пра́здник is a general holiday appointed by
the civil or (at one time) the ecclesiastical authorities.

25. В ко́мнатах ... шля́пы. "It was stuffy indoors, while
outside hats were blown off in a swirl of dust." There are
three points to note: first, the contrast between в ко́м-
натах and на у́лицах. The normal contrast would be
between в до́ме and на у́лице or на дворе́; but Anna
and Gurov are living in ко́мнаты! Secondly, note the
word ви́хрем: now an adverb in its own right, "like the
wind", it comes originally from the word ви́хорь, "whirl-
wind". Finally, the rather unusual construction срыва́ло
шля́пы. When some inanimate physical force is involved,
the neuter past tense is often found in Russian where
English would have a passive: "hats were blown off".
Such constructions are usually perfective, however, and
the force is normally expressed (in the instrumental case,
so that here it would be ве́тром, from ве́тер, "the wind".)

40

26. воды́ с сиро́пом, моро́женого. These are partitive genitives with the sense of "some ..." The вода́ с сиро́пом is a fruit-flavoured syrup with water added. Translate "syrup and water", or, if you prefer to use the English equivalent, "fruit cordial".

27. Не́куда бы́ло дева́ться. Literally: "There was nowhere to put oneself." Translate freely: "There was no escaping the heat."

28. до́лго повора́чивался: "was a long time turning round".

29. ожида́я, не сойдёт ли ещё кто. Note the negative construction, expressing a certain vagueness. Not: "expecting to see someone else get down", but: "waiting to see if anyone else would get down." Note also that кто is frequently used for кто́-нибудь if the meaning is clear; "tell me if anyone comes" would usually be: е́сли кто придёт, скажи́те.

30. Не пое́хать ли нам куда́-нибудь? "Should we perhaps go for a ride?" An infinitive and dative construction usually suggests the English "should", "might"; the negative simply softens the suggestion. Note that as Gurov has just said пойдём, you should give пое́хать its full English sense.

31. его́ о́бдало за́пахом и вла́гой цвето́в. This is a more typical example of the construction mentioned in note 25. Translate freely: "he drank in the moist perfume of the flowers."

32. не ви́дел ли кто? "to see if anyone was looking."

33. к вам: i. e. to her hotel.

41

34. **японский магазин.** There was a craze for things Japanese at the end of the last century: exotic perfumes and objets d'art were well suited to the prevailing atmosphere of impressionism and ornamentalism.

35. **«Каких ... встреч!»** "What different people one meets in life!"

36. **о таких.** Translate simply: "of those". The suggestion is "that class of women", but this is too long for a translation.

37. **точно ... картине:** "like a sinner in an old painting." The reference is presumably to the Magdalene. Note the use of **старинный,** which suggests both old age and an old style.

38. **от неё веяло чистотой:** "she had about her the purity ..." The word **веять** is often used impersonally in the sense of "exude", "give off".

39. **у неё нехорошо на душе:** "she was feeling very wretched."

40. **Чем мне оправдаться?** "How *can* I justify myself?" Literally: "with what to justify myself?" See note 30.

41. **нечистый попутал.** It is very hard to convey this expression in English; literally it means something like "an unclean spirit snared (me)", but this clearly won't do as a translation. Perhaps one could say "a devil beguiled (me)".

42. **шуметь.** Literally: "to make a noise"; here "to roar" may be used, but it is often best to paraphrase. Below one might translate: "The sea roared thus."

43. Ореа́нда. A small resort to the west of Yalta.

44. Фон Ди́дериц: von Diederitz.

45. правосла́вный. This is of course the Russian for Orthodox; but here the contrast is with не́мец. Translate: "but
he's orthodox Russian himself".

46. како́й. When there is the suggestion "of the kind that",
како́й is used instead of the normal relative кото́рый.
Often, however, it makes for a more natural translation
to take како́й as being exactly synonymous with кото́-
рый. Here one could say: "... of that eternal sleep in
store for us".

47. е́сли вду́маться. Translate: "when you think it over". A
general statement of this kind, which in English may be
introduced either by "if" or by "when", usually appears
in Russian as е́сли plus an infinitive.

48. Феодо́сия. Theodosia, a Crimean port 120 kilometres
north-east of Yalta.

49. Пора́ домо́й. "It's time to be getting back." When the
verb to be understood is идти́ or е́хать, it is often omitted
after пора́.

50. вблизи́ их. Note that whereas in line 8 of page 18 вблизи́
is used with них, it occurs here with их. Longer preposi-
tions do sometimes occur without an н, but the reason
for dropping it here is to avoid the cacophonous них
никого́ не.

51. среди́ бе́лого дня. Chekhov is here modernising the old
expression средь бе́ла дня, "in broad daylight".

52. как бы кто не: "lest anyone"

43

53. на лошадя́х: "in a fly". Note that the Russians think of travelling *by* horses, на лошадя́х, in the same way as they think of travelling *by* car, на маши́не. In neither case can на be construed literally!

54. когда́ ... звоно́к. Translate: "when the bell went for the second time". (This is of course the signal that the train is about to leave.)

55. Да́йте ... Вот так. "Let me have just one more look at you... Just one more. There." The expression вот так can be variously translated as "that's right", "that's what I mean", "just like that", etc.

56. Не помина́йте ли́хом. Literally: "Don't remember with evil." Translate: "Don't think too unkindly of me."

57. не ... встреча́ться: "we ought never to have met at all".

58. сквози́ла ... насме́шка: "there had been a slight touch of mockery"

59. и мне. Don't omit to translate the и: "me, too."

60. ды́шится мя́гко, сла́вно. Translate: "the air one breathes is gloriously soft".

61. прошёлся по Петро́вке: "had a stroll down the Petrovka" Note that прошёлся is from пройти́сь, whose imperfective is not проходи́ться but проха́живаться. The Petrovka is an old and important shopping street in the centre of Moscow.

62. прочи́тывал ... день. Translate simply: "read three newspapers a day". The literal translation is: "read through three newspapers each day ". One might perhaps

44

introduce the word "devour", however. Note that по is used with the dative when there is only one thing involved; with other numbers, as here, it generally occurs with the accusative. Its meaning is "one, etc, each". Note also that with два and три it takes the stress.

63. его уже́ тяну́ло. Note this impersonal use of тяну́ть: "he already felt drawn towards..."

64. у него́ быва́ют ... арти́сты. Translate: "famous lawyers and artists frequented his house". быва́ть is normally used in this sense, i. e. of a habitual occurrence. Note that the word арти́ст, though perhaps best translated "artist", really means a "performer" — one who sings, dances, plays an instrument, acts, entertains, etc. Knowing Gurov's bent for music, one might, however, translate it here as "singer".

65. До́кторский клуб. This could perhaps be translated as "Varsity Club".

66. селя́нка на сковоро́дке. An English equivalent of this would be "bubble and squeak". селя́нка, now usually known as соля́нка, is made from cabbage and meat or fish; it is generally in soup form, but here it is done на сковоро́дке, "fried".

67. Пройдёт ... ме́сяц ... покро́ется. Translate: "A month or so would go by, and ... would be shrouded ..." The use of the future here depends, of course, on каза́лось.

68. ли ... как вдруг. Translate: "Whenever ... there suddenly ..." The use of ли ... ли ... may be compared to English "whether ... or whether" — but this would sound clumsy as a translation.

45

69. то, что бы́ло на молу́. Literally: "what had been on the pier", i. e. "that evening on the pier".

70. иска́л ... неё. Translate: "to see if any were like her".

71. не́ с кем. This comes from не́кого, "there is no-one (to...)". Translate: "there wasn't anybody". Note how the не keeps the stress.

72. осетри́на-то с душко́м: "the sturgeon *was* a bit high". The particle -то is used colloquially to emphasise the previous word.

73. сиди́шь. The verb сиде́ть is used of the inmates of prisons and lunatic asylums, and gives a mild suggestion of the English "locked up". "He's behind bars" is simply он сиди́т.

74. ареста́нтские ро́ты. Literally: "convict companies". Translate: "forced labour squad", as if it were a singular.

75. Ста́ро-Гонча́рная у́лица. Like most street names, this has a meaning; гонча́р is a potter. It is usually best, however, to keep such names as they are: "Staro-Goncharnaya Street".

76. Да и всё равно́. "And in any case..." The word да (often да и) is very commonly found at the beginning of a sentence in the sense of "moreover", "what's more", "and into the bargain".

77. Вот и вы́спался заче́м-то. "There now, I've been asleep for some reason." The phrase вот и draws attention to what follows, and can be translated in various ways. In the sentence below, Вот и сиди́ тут, it means "so you just..."

46

78. Вот тебе и. "So much for..." An extension of the previous phrase. Note that вот тебе, in the appropriate context, can mean "Take that!"

79. Гейша. "The Geisha" was an operetta by Sidney Jones. It was first produced in London in 1896, and was subsequently popular throughout Europe. Note again the contemporary fascination for things Japanese.

80. она бывает... This may mean either "she will be present at one of the first performances" or "she will attend the first performances". In the first case бывать would have its sense "to happen"; in the second, it would mean "to frequent".

81. заложив руки назад: "their hands clasped behind their backs".

82. губернатор. Russia was divided into more than seventy губернии. Originally, a губерния was a sort of province; but by 1900 it was more like a county, and the governor had much less authority.

83. боа. A boa was a coil of fur wrapped round the neck; it was of course so named from its similarity to the snake. Note that the Russian word is indeclinable, and that it must be pronounced with a full o sound.

84. и. In this position, и would normally mean "too" (see note 59). Here, however, it will be best to translate it as "then", or to ignore it entirely.

85. нет ближе ... человека. The comparative adjectives limit the word человек. In the attributive position, long adjectives with более should of course be used; Chekhov

is here employing a most unusual construction in the interests of economy.

86. учёный значóк. Academic badges of this kind are still issued to people who have successfully completed their studies at leading universities.

87. Запéли ... флéйта. "The violins and the flute began their tuning up." Note the use of the *present* passive participle here: the instruments were "being tuned up".

88. удéльный. Translate: "royal". An удéл was an estate belonging to a relative of the Tsar.

89. ход в амфитеáтр. Translate simply: "Circle", which would be the normal sign in an English theatre. Notice the use of the neuter напи́сано, as also on page 12, line 5; although the nouns concerned are masculine, the complete inscription is considered to be neuter in Russian.

90. Уезжáйте сегóдня же. "You must go away, today..." The particle же, which may have a large variety of meanings (see the vocabulary), is here used for emphasis.

91. Сюдá идýт! "There's someone coming!" Note the use of the plural when it isn't known (or specified) whether one or more are involved.

92. Славя́нский базáр. The name of a hotel, literally the "Slavonic Market", where Chekhov himself sometimes went while he was in Moscow.

93. Вали́л ... снег. "Snow was falling heavily, in thick wet flakes." Note the use of крýпный to denote a large example of something which is usually thought of as small. The opposite is мéлкий.

94. всё же, что: "whereas everything that..." The words всё же aren't here being used as a phrase meaning "all the same".

95. как живёшь там? Translate: "How are things down there?"

96. пуска́й ... посижу́. "Let her have her little cry. I'll sit down and wait." Note the use of the prefix по- with the suggestion of "for a while".

97. да ... э́тому. "And anyway she wouldn't have believed it."

98. для ... за́мужем. Translate: "that they were married, but not to each other".

99. вся́кими ... какие то́лько. Take these words together, and translate as: "with whatever ... that..."

100. ему бы́ло не до: "he wasn't in the mood for". A common construction.

101. попла́кала — и бу́дет. Translate: "you've had your cry, that's enough".

102. са́мое ... тру́дное. Supply a noun in English, e. g. "part".

VOCABULARY

А

адвока́т lawyer
антра́кт interval
арбу́з water-melon
афи́ша poster
ах oh!

Б

ба́кены side whiskers
барка́с launch
беззабо́тный carefree
безу́мие madness
безу́мный mad, insane
бельё underwear
берёза birch(-tree)
бере́т beret, tam o'shanter
бескры́лый wingless
беспоко́иться to be restless
беспоко́йный worrying, annoying
беста́ктный tactless
бестолко́вый senseless, pointless
би́ться to break; to beat
благода́рный grateful
бле́дный pale
блёкнуть to fade, wither
блесте́ть to shine, glint
бли́зкий close, intimate
блонди́нка blonde
Бог God
больни́чный hospital
большинство́: в большинстве́ for
    the most part
бормота́ть to mutter, murmur
боро́ться to fight, struggle
бровь eyebrow, brow
броса́ть/бро́сить to give up

броса́ться (в глаза́) to catch one's
    attention, stare one in the face
бу́ква letter
буке́т bouquet
бытие́ existence, being

В

вблизи́ near, in the vicinity
вдво́е twice
ведь you see, of course
ве́ер fan
велича́вый majestic
ве́рхний upper
верши́на top, summit
вече́рний evening
ве́чный everlasting, eternal
ве́шалка peg
взгля́дывать/взгляну́ть to glance
    (up)
вздра́гивать to quiver
владе́ть to control
вла́стный domineering, imperious
влечь to draw, attract
внача́ле at first
вне away from
водопа́д waterfall
возбужда́ть/возбуди́ть to arouse
возвы́шенный exalted, noble
возмо́жный possible
возмуща́ть/возмути́ть to revolt,
    make indignant
волна́ wave
волне́ние excitement; choppiness,
    roughness
волну́емый worried, troubled
воображе́ние imagination

51

вор thief, burglar
воро́та gate(s)
воскреса́ть to be revived
воспомина́ние recollection, memory
восхища́ться (+ I) to admire
вот then; now
впечатле́ние impression
вполго́лоса in a low voice
вса́дник rider, horseman
всё still, always, all the time, continually
всё же nevertheless, all the same
вспомина́ть/вспо́мнить to remember
вспо́мниться (pf.) to come to mind, be remembered
встре́ча meeting, encounter
вта́йне secretly
вчера́шний of the day before, previous
выгова́ривать to pronounce
вы́нужденный forced, compelled
выраже́ние expression, demeanour
выраста́ть/вы́расти to grow (up), develop
высокоме́рие arrogance
вы́сший highest, supreme
выхва́тывать/вы́хватить to snatch
вы́ход exit
выходи́ть: see за́муж
вя́нуть to droop, wilt

Г

га́дкий loathsome
галёрка gallery, gods
гвоздь nail, spike

гимна́зия: see note 6
глу́пый stupid, idiotic
глу́хо gruffly, tonelessly
гляде́ть to look
головна́я боль headache
го́ре grief, sorrow
городско́й сад park, municipal gardens
го́рький bitter
Госпо́дь (vocative Го́споди) Lord
гра́дус тепла́ degree above zero
грех sin
греши́ть to sin, transgress
гром thunder
грубова́тый rather coarse
грудь chest, breast
гру́стный sad, miserable
губерна́торский Governor's
губе́рнский provincial
гуде́ние buzzing

Д

дава́й let's
да́веча a while back
даль distance
да́ма lady
дед grandfather
де́латься с to happen to
де́ло: в са́мом де́ле indeed
на самом де́ле in fact, in reality
в чём де́ло what is up
держа́ть себя́ to behave
держа́ться to rest, be supported by
ди́кий barbarous, preposterous
дли́тельный drawn out, prolonged
добродушный good-natured, kindhearted

догáдываться/догадáться to guess, suspect
дóлгий long
должнó быть very likely, probably
доносúться to be carried (up)
дорóга journey
досáда annoyance, vexation
достóинство dignity
дотя́гивать to while away
дразнúть to taunt
дрожáть to tremble
дряннóй worthless, wretched
дурнéть to grow ugly, lose one's good looks
дурнóй bad, evil
дуть to blow
духú perfume
душá soul, living creature
дýшный close, sultry, stuffy
дыхáние breathing
дышáть to breathe

Е
едвá only just, hardly, scarcely
    едвá ... как ... no sooner ... than ...
едúнственный only
езда́ на саня́х riding in sledges
естéственный natural
ещё further; already

Ж
жáдный eager, avid
жáлкий pitiable, miserable
жáловаться to complain
жара́ heat

жгло is from жечь to burn, consume
же and, but, indeed, then, so
желáние wish, desire
женúть to marry
жéнская болезнь woman's trouble (menstrual disorder)
живóй alive
    как живóй vividly
жилéц person in the (same) house

З
за (+ A) by; in, during
зá город into the country
забáвный amusing, such fun
забúться (pf.) to begin to thump
забóр fence
забытьё forgetfulness
заворчáть (pf.) to begin to growl
завывáть to howl
завя́нуть (pf.) to droop, wilt
зада́ча problem, issue
задéрживать/задержáть to retain
заду́мываться/заду́маться to meditate
зажигáть огóнь to put the light on
заклинáть to beseech
залóг pledge, guarantee
замечáтельный remarkable
зáмуж: выходúть зáмуж to marry
зáмужем married
зáнавес (stage) curtain
занимáть/заня́ть to take, occupy, sit at
запúска note
заря́ glow, dawn
засмея́ться (pf.) to burst out laughing

53

заставать/застать to find at home
заставлять/заставить to force, make
засыпать/заснуть to fall asleep
затерявшийся lost
заторопиться (pf.) to bustle about, put a move on
званый обед dinner party
звон sound, ringing
земский district
зерно kernel
зимний winter s, wintry
знакомство acquaintance, meeting
значит that means
значительный important, significant
значок badge, insignia
золотой golden

И

и too, as well; even
игра playing
идти to be given (of plays, etc.); (+ D) to suit
избавлять/избавить себя от to avoid, escape
извещать to inform, communicate
извозчик cab
изменять/изменить to be unfaithful to
изредка now and then
иней (hoar-)frost
искренний sincere
испортить (pf.) to spoil, ruin
испугать (pf.) to frighten
испытывать to feel, experience
истерия hysteria
исчезать/исчезнуть to disappear

К

к чему what for, why
кабинет study
как бы as if
как-то somehow
камин chimney, fireplace
капризный capricious
карты cards
качаться to rock, sway
кивать/кивнуть to nod (one's head)
кипарис cypress
клетка cage
кляняться to bow
клясться (клянусь) to swear, vow
книжный шкаф bookcase
когда-нибудь some day
когда-то at one time
колокол bell
конец: в конце концов in the end, when all is said and done
кость bone
красота beauty
кресло seat (in the stalls)
крик cry
кружева (pl.) lace, frills
крупный big, large
крыться (кроется) to lie (concealed)
куда-нибудь somewhere
кузнечик grasshopper
культурный civilised
курьерский express
кусаться to bite
куцый stunted

Л

лакей lackey, flunkey, stooge

лаке́йский lackey's, lackey-like
ла́ска caress
ла́сковый caressing, coaxing, soft
лёгкий slight
ле́стно: ему́ ле́стно he feels flattered
ли́па lime(-tree)
листва́ leaves, foliage
лицо́ person
ли́чный personal, private
ло́жа box
ложь lie, falsehood
ломо́ть slice
лорне́тка lorgnette
лы́сина bald pate
любопы́тство curiosity
лю́стра candelabra

М

ма́ло-пома́лу little by little
мане́рно with affectation
мани́ть to lure, entice
ме́жду те́м yet
мелька́ние flashing
мелька́ть to flash, flit
мёртвый dead, lifeless, deathly
мерца́ть to glimmer, flicker
ме́стный local
мете́ль snowstorm
мечта́ dream, fantasy
мечта́ть to dream
меша́ться to merge, be mixed up
мимолётный brief, fleeting
многокра́тный constant, repeated
мол pier
мо́лча in silence
молча́ние silence
мольба́ entreaty

моро́женое ice cream
москви́ч Muscovite
мра́чный gloomy, dark
мунди́р uniform
мы́слить to think
мы́слящий thinking, intellectual

Н

на́бережная promenade, sea front, quay
наве́рное surely
навсегда́ for ever
надое́сть: мне надое́л I'm fed up with, sick of
наи́вный naïve
на́йдено is from **найти́**
накану́не the day before
напада́ть/напа́сть to attack, set upon
наполня́ть(ся)/напо́лнить(ся) to fill
наро́чно on purpose. deliberately
нару́жность appearance
наря́дный fashionable
наси́льно улыба́ясь with a forced smile
настоя́щее the present
настра́иваться to tune up
наступа́ть/наступи́ть to come on, draw in
насчёт about, in connection with
нату́ра nature
научи́ть (*pf.*) to teach, instruct
нево́льно involuntarily, without wanting to
невыноси́мый intolerable, unbearable
невысо́кого ро́ста small, petite

недавний recent
недалёкий shallow, none too bright
нёжный tender, dear
незамётный uneventful
незнакомый stranger
неизбёжно inevitably
неизмённо invariably
неизящный dowdy
нейстовый furious
некстати uncalled for, out of place
неловкий uncomfortable
немыслимый unthinkable
ненавидеть to hate, loathe, detest
нёнависть hatred
ненадолго for a while
необходимость necessity
необходимый essential
неожиданный unexpected
неопределённо vaguely, in general terms
неопытный inexperienced
неподвижный still, fixed
непонятный inconceivable
неправда untruth
непрерывный continuous, unbroken
неприсутственный день bank holiday
неразговорчивый uncommunicative
нёрвный nervous
нерешительный irresolute
несмёлость shyness, timidity
несчастный unhappy, miserable
нетерпеливый impatient, eager
неуловимый elusive
неумёстный irrelevant
нечистота immorality

неясный indistinct
ни not a single
  ни разу never once
низший lower, inferior
никак not at all
нисколько not at all
ничём in no way
нищий beggar
номер (hotel) room
нравы ways, manners, morals
ну well, come on now
нюхать to smell
няня nurse, nanny

О

о (+ A) against
обдавать/обдать (+ I) to waft
обезуметь (pf.) to lose one's senses
обернуться (pf.) to turn round
обжорство guzzling
обман deception, fraud
обманывать/обмануть to deceive, betray, be unfaithful to
обморок faint, swoon
обнимать/обнять to embrace
обожать to worship, adore
обозвать (pf.) to call
оболочка outer skin, façade
образование education, training
обращаться/обратиться to turn
обращение с treatment of
обстановка situation; setting
обтянутый covered, laid
общество company; society
обыватель the average man
обывательский small town, provincial
обычный ordinary

56

овладевать/овладеть to possess,
take control of
оглядка backward glance
оглядываться/оглядеться to look
round
огонь light
одетый dressed
одеяло blanket
один a certain
одинокий solitary, single
однообразный monotonous
ожидание waiting, suspense
окликнуть (pf.) to call out
окунуться (pf.) to get absorbed
оправдываться/оправдаться to
justify oneself
опускать(ся)/опустить(ся) to
lower, drop
опыт experience
освещать/осветить to light up
освободиться (pf.) to be free from
особенный peculiar
отбитый broken off
отвернуться (pf.) to turn away
отворяться/отвориться to open,
be opened
отдельный separate
отзываться дурно о to entertain a
low opinion of
относиться/отнестись к to treat
отношение relation
отрезать/отрезать to cut (off)
отрывистый jerky, agitated
отстранять to push away
отхватывать на свою долю to
absorb
отчасти partly
отчего бы how could it be

отчётливо distinctly
отыскивать/отыскать to search
for; to find
охладевать/охладеть to grow
cold towards, lose interest in
охотно gladly, willingly
очарование fascination
очарованный entranced, charmed
очаровательный fascinating, marvellous
очевидный evident, obvious
ошеломлённый stunned, over-
whelmed

П

падение downfall
пальма palm(-tree)
память memory
папа daddy
парадный front
партер the stalls
партнёр partner (at cards)
пассажир passenger
пахнет/пахло (+ I) there is/was a
smell of
передняя hall
перелётный of passage
переродить (pf.) to regenerate,
make a new man of
переходить/перейти to turn (into)
Петербург St. Petersburg (now
Leningrad)
петлица buttonhole
печальный sad, sorrowful
площадка landing
победа conquest
побледнеть (pf.) to go pale
поверхность surface

повида́ться (pf.) с to see
повы́ше above, higher up
погля́дывать to glance
поговори́ть (pf.) to have a talk
погоди́ть (pf.) to wait a moment
погрози́ть (pf.) па́льцем to wag
  one's finger at
под (+ A) to; towards
подели́ться (pf.: + I) to share
поджида́ть to wait (for)
по́днятый raised
подо́лгу for long periods
подро́бность detail, touch
подъём: тяжёлый на подъём
  sluggish
пожа́луй very likely
пожа́ть (pf.) to press, squeeze
пожило́й elderly
пожи́ть (pf.) to see life
по́за attitude, posture
позва́ть (pf.) to call
по-зи́мнему wintry
пойдёмте is the imperative of
  пойти́
пойми́те is the imperative of
  поня́ть
пока́чивать to give a nod
покая́ние confession
поко́й peace, rest
покра́снеть (pf.) to blush
покре́пче as firmly as possible
покро́в cover, cloak
по́лно there!
положе́ние situation
положи́ться (pf.) to trust, rely
полоса́ band, strip
полу́чше a bit better
по-настоя́щему genuinely

понемно́гу little by little
попада́ть/попа́сть to fall
попо́зже latish on
портье́ра portière, curtain
по́рция plateful, helping
поры́в burst
поря́дочный respectable, decent
поскоре́е as soon/quickly as possible
постоя́нный constant. endless
постоя́нство uniformity, regularity
посы́льный messenger
поучи́тельный instructive
похо́дка deportment, bearing, step
похожде́ние happening
поцелу́й kiss
почему́-то for some reason
по́шлый cheap
появля́ться/появи́ться to appear
правле́ние government
пра́здный idle
предлага́ть/предложи́ть to offer
предназна́чить (pf.) to destine,
  mark out
предполага́ть to suppose, assume
представле́ние performance
представля́ться to present oneself
  (as)
презира́ть to despise
прекраща́ть/прекрати́ть to cut
  short
приве́тливый affable, polite
привлека́тельный attractive, in-
  viting
привлека́ть/привле́чь to draw
привыка́ть/привы́кнуть to get
  settled in
привя́зываться to get attached

58

приготовля́ть to prepare, go over, say

придумывать/придумать to think up

прижима́ть, прижа́ть to press, dab
   прижима́ться to snuggle, nestle up

приключе́ние adventure

приласка́ть (pf.) to fondle, caress

при́нцип principle

припада́ть/припа́сть to fall on, press oneself to

прислу́шаться (pf.) to listen

пристава́ть/приста́ть to put in

при́стально intently

при́стань landing-quay

прису́тствие presence

причёска the way one does one's hair

про about

пробы́ть (pf.) to stay, remain

провожа́ть/проводи́ть to go with, accompany
   проводи́ть взгля́дом to gaze after

про́волока wire

проговори́ть = сказать

прожива́ть/прожи́ть to stay, live, exist

происходи́ть/произойти́ to happen, take place

прокля́тый confounded, damned

промелька́ть/промелькну́ть to flash

протека́ть to run its course

профе́ссор professor; specialist

прохла́дный cool, fresh

проше́дшее the past

про́шлое the past

проща́ться to part, say goodbye

прямо́й erect

пу́блика audience

пугли́во nervously, apprehensively

пу́ты chains, fetters

пыль dust

пья́нство drunkenness

Р

равноду́шие indifference

равноду́шно unconcernedly

ра́дость joy

разби́тый in ruins

разболе́ться (pf.) to hurt, ache

ра́зве really, surely

развлека́ться to amuse oneself, have fun

разгово́ры talk

разгора́ться to burn, flare up

раздража́ть to irritate, annoy

раздраже́ние irritation

разнообра́зить to relieve the monotony of

ра́нний early

ра́са race

раска́яние remorse

располага́ть to dispose favourably

рассве́т daybreak, first light of day

расстава́ться/расста́ться to part

рассужда́ть to reason

рассужде́ние argument, reasoning

расте́рянность embarrassment

растро́ганный moved, touched

расходи́ться/разойти́сь to disperse, go (their) various ways

ре́вность jealousy

реша́ться to bring oneself, dare

59

решение solution
родны́е лю́ди relatives, kinsmen
роль rôle, part
   игра́ть роль to put on an act
рома́н affair
рома́нс love song, lyric
роса́ dew
роя́ль piano

С

с (+ A) about, or so
сади́ться/сесть to set
саме́ц male
са́мка female
са́ни sledge
сближе́ние attachment, liaison
све́дения information
свеча́ candle
свида́ние meeting, rendezvous
связь liaison
свято́й holy
сговори́ться (pf.) to come to an
   arrangement
седе́ть to go grey
седо́й grey
се́ло: see сади́ться
серде́чный affectionate
сжима́ть/сжать to squeeze, clench
   сжа́ться to contract, ache
си́ла force
сире́невый lilac
ска́зочный fantastic, fairy tale
скамья́ bench
сквер gardens (on a square)
сквозно́й ве́тер draught
сквозь through
ско́рбный mournful, miserable

скри́пка violin
скро́мный modest, humble
скрыва́ть/скрыть to conceal, hide
ску́ка boredom
следи́ть за to pursue
сле́довать: как сле́дует properly
слеза́ tear
сложи́ться (pf.) to turn out
сло́жный complicated
слой layer, stratum
слу́жба work
слу́чай chance, opportunity
   по слу́чаю on account of
случа́йный fortuitous
смерть death
смех laughter
смуща́ть/смути́ть to upset
смуще́ние confusion
сни́зу from below
сни́ться to appear in one's dreams
собира́ться/собра́ться: 1. to ga-
   ther, come together; 2. to get
   ready for, be about to
собла́зни́тельный tempting, enti-
   cing
со́бственный (one's) own
соверше́нный complete
соверше́нство perfection
сове́товаться to consult, talk
   things over
создава́ть/созда́ть to create
сознава́ться/созна́ться to confess
созна́ние realisation, consciousness
солда́тское сукно́ military cloth,
   khaki
соли́дный sedate, sober-minded
со́нно drowsily
сообража́ть to ponder, muse

сосе́дний next, neighbouring
составля́ть to constitute
сострада́ние compassion
сохраня́ться/сохрани́ться to remain
сочиня́ться to be made up, invented
спасе́ние salvation
спеши́ть: не спеша́ taking one's time
спор argument, great discussion
спря́тать (pf.) to hide
спуска́ться/спусти́ться to go down
старе́ть to grow old, age
стару́шка old woman
стать (pf.) to begin, start
стече́ние обстоя́тельств coincidence
стиха́ть/сти́хнуть (стих) to die down
сто́рож watchman, keeper, coastguard
страда́ть to suffer
стра́стный passionate
страсть passion
страх fear, dread
стра́шный terrifying, terrible
стыди́ться to be ashamed of
суде́йский magistrate's
суди́ть to judge
судьба́ fate
сумасше́дший mad
суту́лый stooping
существова́ние existence
су́щность: в су́щности in the final analysis
сходи́ться to get intimate
сы́тый well fed

Т

таба́чные оку́рки stale tobacco
таи́нственный mysterious
та́йна secret, secrecy
та́йный secret
так же just as
тепло́ warmth
тишина́ silence
то ... то first ... then, now ... now
томи́ть to torment
тон tone
топи́ть to light, heat
торопи́ться to hurry
тот the latter, he
  о том, как of how
  о том, что of how that
то́тчас же at once, immediately
то́чно as though; just like
трево́жно uneasily, anxiously
тро́гательный touching
тя́гостный distressing
тяну́ться to stretch

У

убега́ть/убежа́ть to run away
уважа́ть to respect
  уважа́ться to be respected
уга́р stupor
углова́тость awkwardness
уго́дно one wants, pleases
удава́ться/уда́ться to be a success, turn out well
уде́рживать(ся)/удержа́ть(ся) to resist, stand (it)
у́жас dread, terror
улы́бка smile
умоля́ть to beg, implore
унизи́тельный degrading

уны́лый despondent
упра́ва council
упря́мый stubborn
ускольза́ть to slip
усло́вный conventional
успока́ивать/успоко́ить to soothe, calm
   успоко́иться to calm down
устра́ивать/устро́ить to arrange, organise
утверди́тельно in assent
утеря́ть (pf.) to lose
утиха́ть/ути́хнуть (ути́х) to calm down, die down
утомлённый worn out, exhausted
у́тренний morning
учёный learned, of learning
учи́тельский teacher's

Ф

фат man about town, ladykiller, masher
фигу́ра figure, frame, build
фило́лог philologist, linguist
фона́рик lantern, lamp
франт dandy, toff, swell

X

хара́ктер disposition
хвата́ть to clutch at, grasp
хи́щный ravenous, greedy
хлопота́ть to petition, plead; to fuss, be anxious
хожде́ние the habit of going
хотя́ бы even though

Ц

цель purpose, aim
цика́да cricket, cicada

Ч

ча́стный private, privately run
челове́ческий human
чепуха́ rubbish, rot
черни́льница inkstand
черты́ features
че́стный honest
чешуя́ scales (of a fish, etc.)
чино́вник official, civil servant
чрезвыча́йно extraordinarily
чу́вство feeling

Ш

шаг pace, step
   ни на шаг not a step (from sb.'s side)
швейца́р porter
шевели́ть(ся) to stir, flutter, rustle
шёпотом in a whisper
шо́рох rustle
шпиц Pomeranian, spitz
шу́ба fur coat
шуме́ть: see note 42.
шу́мно noisily
шути́ть to joke
шутли́вый playful

Ю

юбиле́й party, anniversary celebrations
ю́ный of youth, youthful

Я

я́вный open, conspicuous, overt
я́лтинский Yalta